BEI GRIN MACHT SICH IHR WISSEN BEZAHLT

- Wir veröffentlichen Ihre Hausarbeit, Bachelor- und Masterarbeit

- Ihr eigenes eBook und Buch - weltweit in allen wichtigen Shops

- Verdienen Sie an jedem Verkauf

Jetzt bei www.GRIN.com hochladen und kostenlos publizieren

Bibliografische Information der Deutschen Nationalbibliothek:

Die Deutsche Bibliothek verzeichnet diese Publikation in der Deutschen National-
bibliografie; detaillierte bibliografische Daten sind im Internet über http://dnb.d-
nb.de/ abrufbar.

Impressum:

Copyright © 2015 GRIN Verlag, Open Publishing GmbH
Druck und Bindung: Books on Demand GmbH, Norderstedt Germany
ISBN: 9783656988052

Dieses Buch bei GRIN:

http://www.grin.com/de/e-book/337355/der-gerechte-handel-als-ort-natuerlich-
guter-handlungen-zur-idee-des-fairen

Daniel R. Kupfer

**Der gerechte Handel als Ort natürlich guter Handlungen.
Zur Idee des fairen Handels**

GRIN Verlag

GRIN - Your knowledge has value

Der GRIN Verlag publiziert seit 1998 wissenschaftliche Arbeiten von Studenten, Hochschullehrern und anderen Akademikern als eBook und gedrucktes Buch. Die Verlagswebsite www.grin.com ist die ideale Plattform zur Veröffentlichung von Hausarbeiten, Abschlussarbeiten, wissenschaftlichen Aufsätzen, Dissertationen und Fachbüchern.

Besuchen Sie uns im Internet:

http://www.grin.com/

http://www.facebook.com/grincom

http://www.twitter.com/grin_com

Projektarbeit

Universität Leipzig

(WS 2015)

Das natürlich Gute des Fairen Handels

Studiengang: Master Philosophie

Modul: Praktische Philosophie (06-003-101-3)

Seminar/ VL: Moral, Natur, Wirklichkeit

Umfang: ca. 34.000 Zeichen

Inhaltsverzeichnis

Einleitung

In dieser Arbeit soll die Idee des Fairen Handels vorgestellt und als ein handlungsleitendes Prinzip vorgestellt werden, welches natürlich gute Handlungen des Menschen im wirtschaftlichen Kontext befördert. Dabei wird auf die Konzepte des Aristoteles zur Gerechtigkeit zurückgegriffen. Außerdem werden einige Überlegungen, die Thomas Hoffmann in seinem Buch „Das Gute" entwickelt hat, auf den Fall der fairen bzw. gerechten Handlung angewandt. Die faire Handlung im Fairen Handel soll als gerechte und tugendhafte Handlung dargestellt werden, welche natürlich gut ist für Menschen als Exemplare der menschlichen Lebensform.

Der Handel soll als Ort und Praxisform von Handlungen ausgewiesen werden, die ebenfalls natürlich gut oder natürlich schlecht für Menschen sein können. Der Faire Handel wird als spezieller Ort und als spezielle Praxisform innerhalb dieses Handels begriffen und seine Spezifika werden dargestellt. Es soll gezeigt werden, dass nur eine gerechte Handlung als vollends rational gelten kann. Es soll versucht werden, zu zeigen, dass nur eine gerechte Handlung (in symmetrischen Handelsbeziehungen) innerhalb dieses wirtschaftlichen Kontextes ihre handlungsleitenden Prinzipien und auch die Einzelhandlungen als rational ausweisen kann. Hier wird das wechselseitige Gedeihen der Handelspartner zum wichtigsten Kriterium für die natürliche Güte solcher Handlungen, was im Detail zu zeigen sein wird. Beschränkte Formen der Zweckrationalität werden zugunsten einer umfassenden Rationalität (die man auch Vernunft nennen könnte) überwunden, wobei sowohl ein zu abstrakter und universaler Formalismus als auch ein zu konkreter Empirismus vermieden werden soll, darum die Orientierung an Aristoteles und Hoffmann, welche einen Brückenschlag auf mittlerer Abstraktionsstufe bedeutet.

Es werden an geeigneter Stelle Anmerkungen zur Rolle der philosophischen Reflexion gemacht, die als eine Voraussetzung für ein autonomes Selbstbewusstsein gelten kann, welches wiederum die Voraussetzung dafür ist, eine voll entfaltete Rationalität als Teilnehmer an Praxisformen des vergesellschafteten und wirtschaftenden Menschen beanspruchen zu können. Diese Überlegungen sind inspiriert von Pirmin Stekeler-Weithofers erstem Kapitel über die Macht der Reflexion, aus dem Werk „Philosophie des Selbstbewusstseins". Diese Gedanken, welche wiederum von G.W.F. Hegel inspiriert sind, der in Sachen symmetrischer und asymmetrischer Beziehungen (z.B. der von Herr und Knecht) auch eine gewisse Rolle in den hier angestellten Betrachtungen spielen wird, werden diese Reflexionen abrunden. Das Vorhandensein der Orientierung stiftenden philosophischen Reflexion als gelebte und geübte Praxisform des Menschen, soll als die Bedingung einer gerechten Praxis des Handels aufgezeigt werden, welche als rational gelten und sich auch entsprechend ausweisen kann, wenn sie in kritischer Absicht befragt wird. Die zentrale These dieser Arbeit ist die, dass es natürlich gute Ideale auch im wirtschaftlichen Kontext gibt und dass diese handlungsleitenden Ideale Ausbeutung und Ungerechtigkeit verhindern können, weil sie nicht nur die beschränkten Kalküle des zweckrationalen Wirtschaftens, sondern auch das Gedeihen des Menschen als Menschen in sich enthalten. Nur diese für Menschen natürlich guten Ideale können sich schlussendlich als rationale handlungsleitende Prinzipien ausweisen.

1. Das Gute

1.1. Das Telos des Gedeihens

Alles Lebendige, so es einen Willen hat, so es also wollen kann, will gedeihen. Ein solches Lebewesen will nicht nur seinen eigenen Körper bewahren und unversehrt halten, es will sich auch entsprechend seiner Art entfalten. Der Mensch ist ein spezielles Lebewesen, welches als biologisches Lebewesen einen Körper und als geistiges Lebewesen geistige Bedürfnisse hat. In dieser Arbeit soll es um das Gedeihen des Menschen gehen, um körperliches und geistiges Gedeihen, wobei die strikte Trennung von Körper und Geist nur der Einfachheit halber gemacht wird, obwohl sie durchaus auch problematisch ist. Aristoteles meint, dass ein beherrschter Mensch sogar über die Begehrlichkeiten und Strebungen des Körpers hinweg die eigene Vernunft als den Beweggrund seines Tuns aufweisen kann.[1] Das heißt, dass der Mensch sich mithilfe seiner geistigen Fähigkeiten über die direkten und unmittelbaren Bedürfnisse des Körpers hinwegsetzen kann, oder zumindest, dass es dem Menschen möglich ist, eine gewisse Distanz zu solchen Regungen und Strebungen zu wahren. Auch wenn es richtig ist, dass am Ende der Körper die Entscheidungen des Geistes in die Tat umsetzen muss, bzw., dass mit seiner Hilfe die Ideen des Geistes realisiert werden, wie Stekeler-Weithofer das traditionskritisch anmerkt.[2] Mit der möglichen Dominanz des Geistes (oder der Vernunft) gegenüber dem Körper (oder eben den Lüsten) und der Abhängigkeit des Geistes vom Körperlichen, als dem ausführenden und die geistigen Beschlüsse verwirklichenden Organ, ist vielleicht schon eine erste abstrakte Bestimmung des Menschen gelungen. Es soll in dieser Arbeit, bei aller Anlehnung an die Tradition (konkret an Aristoteles), dieser relativierende Gedankengang nicht vergessen werden.

---

[1]Vgl. dazu: Aristoteles, de Anima, Reclam, S. 169.
[2]Stekeler-Weithofer, Philosophie des Selbstbewusstseins, Suhrkamp, S. 416 f.

Das „Telos des Gedeihens", also jenes finale Ziel, welches das Gedeihen einer Lebensform ist, soll ausschließlich für den Fall des Menschen erörtert werden. Das menschliche Gedeihen ist, wie bereits gesagt, ein doppeltes. Man kann also zunächst ganz formal oder abstrakt über Menschen sagen, dass sie, da sie einen Körper und einen Geist haben, sich erhalten und entfalten wollen.

1.2 Die natürliche Güte des Menschen

Es werden bei den folgenden Überlegungen eine ganze Reihe an Voraussetzungen gemacht, die Thomas Hoffmann in seinem Werk „Das Gute"[3] erarbeitet hat. Dessen theoretischer Standpunkt, wie er bis zum siebten Kapitel über die „Menschliche Güte" entwickelt ist, wird hier geteilt und vorausgesetzt. Speziell dessen Begriff einer voll entfalteten praktischen Rationalität[4] soll später auf den Bereich des Handels Anwendung finden, da er dem Menschen wesentlich ist und weil er sowohl für das gute Leben des Menschen im Allgemeinen eine wichtige Rolle spielt, als auch für die speziellen Zwecke dieser Arbeit. Hoffmann fasst diesen Begriff wie folgt:

„Hingegen ist ein Mensch, der seine Ziele als gut vor- und darstellen sowie mit guten Mitteln instrumentell geschickt realisieren kann, und dessen Ziele auch gut sind, im vollen Sinne praktisch rational. Denn er manifestiert in seinem Beabsichtigen und Handeln die Form der praktischen Rationalität des Menschen makellos, und das ist natürlich gut für Exemplare der Menschlichen Lebensform."[5]

Der Begriff der praktischen Rationalität wird hier, bzw. im Abschnitt davor, abgegrenzt von einem Begriff der bloß instrumentellen Geschicklichkeit, welche im Sinne einer voll entfalteten praktischen Rationalität als defizitär gilt. Natürlich gut ist eine Absicht oder eine Handlung nach dieser Definition dann, wenn sie das Gedeihen der von ihr betroffenen Menschen befördert, was sie zugleich als praktisch rationales Tun ausweist. Da Menschen wesentlich nicht nur körperliche, sondern auch geistige Lebewesen sind, welche sich sowohl in der Welt als biologische Lebewesen, als auch im Raum der Gründe „bewegen" können, ist eine Explikation dieses Tuns (Handeln und Wollen) stets möglich, wenn dieser Mensch als praktisch rational und gebildet gelten will. Auch die Ziele einer Handlung sind auf diese Weise explizierbar und eine jeweilige Handlung ist als gutes Mittel zur Realisierung des guten Zieles innerhalb der Verwirklichungspläne von komplexen Zielen angebbar, jedenfalls wenn

---

[3]Thomas Hoffmann, Das Gute, de Gruyter, 2014, S. 13 -143.
[4]Ebenda, S. 164 ff.
[5]Ebenda, S. 166.

der Akteur seine Handlung intersubjektiv als rational anerkennen lassen will. Dass diese strengen Ansprüche an die Explizierbarkeit der guten Ziele und Handlungen auf verschiedene Weisen problematisch sind, wird sich bei der Anwendung auf den Handel und speziell auf den Fairen Handel noch zeigen. Man könnte z.B. einwenden, dass, will man diesen Ansprüchen zu einhundert Prozent gerecht werden, gar keine Handlung mehr möglich wäre, weil ein endliches Vernunftwesen, wie der Mensch es ist, niemals die volle Erkenntnis über seine eigenen Handlungen und Ziele und vor allem nicht über deren Auswirkungen haben kann. Eine reale Handlungskonzeption, die sich selbst als vollkommen rational im idealen Sinne ausweist, wäre dann theoretisch unmöglich und muss in der Praxis notwendig pragmatistisch humanisiert werden, ohne dabei in einen Werte nivellierenden Relativismus auszuleiten.

Aber zurück zu den Begriffen und Begriffsverhältnissen: Eine natürlich gute Handlung ist eine Handlung, die das Gedeihen der betroffenen[6] Menschen befördert. Solche Handlungen entsprechen den aristotelischen Tugenden in einer Weise, dass sie die Aktualisierung von Tugenden sind. Wobei Tugenden gerade die Charakterdispositionen sind, die solche natürlich guten Handlungen hervorbringen, und ein tugendhafter Mensch kann als ein natürlich gutes Exemplar der menschlichen Lebensform gelten.

Im Fokus dieser Arbeit ist die (komplexe) Tugend der Gerechtigkeit[7] die wichtigste Tugend, weil ihre Realisierungen und Manifestation im Leben eines Menschen einen naheliegenden Bezug zum Handel und also zu wirtschaftsethischen Überlegungen haben. Die gerechte Handlung ist eine natürlich gute Handlung, weil sie alle anderen Tugenden voraussetzt und in sich aufhebt[8] und weil sie dadurch das Gedeihen des Menschen befördert, sogar mit einer speziellen Gewichtung (mit Blick auf die praktische Rationalität), welche dem Menschen als einem „zoon politikon" (Gemeinschaftswesen) gerecht wird.

---

[6]Auch wenn sich praktisch die Wirksamkeit und die Reichweite einer Handlung nicht exakt bestimmen lässt, was es schwierig (wenn nicht in einigen Fällen unmöglich) macht, die tatsächlich von einer Handlung ausgelösten Effekte und die betroffenen Menschen zu erfassen. In solchen Fällen kann man den Anspruch auf die praktische Rationalität einer Handlung nicht oder nur teilweise einlösen. Aber in solchen Situationen kann dem Menschen dennoch eine Entscheidung abverlangt werden, weil das Leben sie eben bereithält, weil sie vorkommen. Man kann dann angesichts dieser "Rest-Ungewissheit" nur glauben und hoffen, wobei diese beiden Aspekte wohl in jeder Handlung mitschwingen. Das soll aber nur eine Randbemerung bleiben.
[7]Aristoteles, Nikomachische Ethik, rowolts enzyklopädie, 2011, S. 159 – 192.
[8]Aristoteles, Nikomachische Ethik, rowolts enzyklopädie, 2011, S. 162 f.

2. Der Handel

2.1. Handel als Praxisform und Ort spezifischer Handlungen

Der Handel als Praxisform ist eine kooperative Praxis des Menschen, welche den Austausch von Waren und Dienstleistungen aller Art zwischen den Menschen zum Ziel hat. Geld und Gold als Wertmaßstab werden zunächst den Waren gleichgesetzt, weil sie in der Regel in Waren zurückübersetzt (getauscht) werden können[9]. Auch die Arbeitskraft des Menschen wird zunächst vollkommen unkritisch als eine mögliche Ware bzw. Dienstleistung auf dem allgemeinen Markt betrachtet. Letztendlich sollen die ausgetauschten Waren und Dienstleistungen die Bedürfnisse der Menschen decken und so zu einem gelingenden Leben beitragen. Als praktisch rationaler Akteur innerhalb der Praxis des Handelns und Warentausches, wird der Handel stets so ausgeführt, dass er das eigene Gedeihen befördert.

Der Handel soll als Ort verstanden werden, an dem spezifische Handlungen ausgeführt werden, nämlich solche, die sich auf den Austausch von Gütern und Dienstleistungen aller Art beziehen, die im Besitz eines jeweiligen Handelspartners sind und erstrebt werden. Also Handlungen, die sich stets zwischen Marktteilnehmern (das sind innerhalb dieser Betrachtungen ausschließlich Menschen)[10] ereignen. Wichtig ist dabei die Freiwilligkeit der Teilnahme am Markt und der freiwillige Austausch der Akteure, denn nur so fallen die Transaktionen von Gütern und Arbeitskraft überhaupt unter den Begriff des Handels. Wäre die Teilnahme erzwungen, z.B. durch eine erzwungene Abgabe der eigenen Arbeitskraft, würden die so ausgeführten Beziehungen unter den Begriff der Sklaverei fallen. Wäre die Transaktion von Waren einseitig und gegen den Willen des Opfers erzwungen, dann fällt diese unter den Begriff des Raubes oder Diebstahles. Dieses Tun bzw. die damit verbundenen Handlungen würden sich auch nicht als allgemein praktisch rationale Handlungen ausweisen können, da sie das Gedeihen der betroffenen Menschen gefährdet. Die Asymmetrie in Bezug auf den Güterstrom zwischen Täter und Opfer wäre hochgradig ungerecht, auch im Sinne der proportionalen Reziprozität der Gerechtigkeit im Austausch bei Aristoteles[11]. Diese zwei formalen Beispiele sollen nur zwei Grenzen des Begriffes des Handels markieren, die später noch von Bedeutung sein werden. Wenn man vom Handel zwischen zwei Akteuren spricht, muss die Freiwilligkeit vorausgesetzt werden, die Symmetrie des Güterstromes ist allerdings

---

[9]Vgl. dazu auch: Aristoteles, Nikomachische Ethik, rowolts enzyklopädie, 2011, S. 175.
[10]Der Bereich wird auf Handlungen des Wirtschaftens zwischen Menschen eingeschränkt, auch wenn heute viele Geschäfte von und zwischen Computern ausgeführt werden. Da diese in ihrem automatischen Tun dem Willen von Menschen unterstehen, können wir der Einfachheit halber diese computerisierte Vermittlung übergehen, auch wenn sie durchaus mit interessanten etischen Fragen korreliert ist, z.B. jenen rund um das Thema Verantwortungsabgabe und -diffusion.
[11]Vgl. dazu: Aristoteles, Nikomachische Ethik, rowolts enzyklopädie, 2011, S. 172 ff.

keine notwendige Bedingung für einen Handel. Diese Symmetrie steht allerdings in einem engen Zusammenhang mit dem Begriff der Gerechtigkeit im Austausch und eine zentrale These dieser Arbeit ist, dass nur ein gerechter (hier gleichzusetzen mit „fair") Handel ein Handel ist, der wechselseitig das Gedeihen der beteiligten Akteure sichert.

2.2. Der faire bzw. gerechte Handel

Die Handlungen welche sich am Ideal des Fairen Handels (der für sich selbst beansprucht, gerecht zu sein) ausrichten, müssen also einem besonderen Anspruch genüge tun. Darum soll zunächst das Ideal des fairen bzw. gerechten Handels hier skizziert werden. Die einzelnen Ansprüche, welche dazu aufgeführt werden, dienen nur dazu, das Gesamtziel dieser speziellen Art des Handels formal zu erfassen. Dieses formale Telos des Fairen Handels bleibt zunächst eine ideale Konstruktion, der freilich nicht alle realen Akteure des Fairen Handels entsprechen, so wird ein abstrakter Prüfstein oder ein Maßstab für eine Handels- oder Wirtschaftsethik in groben Umrissen entwickelt.

Das Ideal des Fairen Handels lässt sich wie folgt explizieren: Alle am Handel beteiligten Akteure sollen von der Handelsbeziehung profitieren. Profitieren heißt nicht, dass allein der finanzielle oder materielle Gewinn durch den Akt des Austausches von Waren und Dienstleistungen gesteigert wird, sondern auch, dass eine nachhaltige und dauerhafte Besserung der Lebensumstände mitbedacht wird. Es geht also darum, einer sehr kurzfristigen und attraktiven Gewinnmaximierung, welche im Sinne der Zweckrationalität wohl oft als ein Optimum erscheint, ein vernünftiges, weil langfristiges Denken und Planen entgegenzusetzen. Die positive Entwicklung, die eine Handelsbeziehung und deren Aktualisierungen auf beiden Seiten des Handelsverhältnisses hat, ist also ebenso wichtig, wie der aktuelle Gewinn. Wobei die Langfristigkeit und Nachhaltigkeit der Handelsbeziehung oft im Vordergrund steht, gerade weil ein gutes und gelingendes Leben als Mensch davon abhängt, dass diese Versorgungsbeziehungen von Dauer sind. Das Telos des Gedeihens und speziell das Gedeihen der Menschen bezieht sich schließlich nicht auf Momente, sondern auf das Leben in der Zeit.

Da der einzelne Mensch immer nur einen relativ beschränkten Horizont in den praktischen Überlegungen zur Verfügung stehen hat, besteht die Gefahr, dass seine Überlegungen allzu beschränkt, provinziell oder sogar widersprüchlich sind. Diese Überlegungen, die den Handlungen solcher Akteure vorausgehen, oder die diese begleiten, sind dann im Kontext der Handelsbeziehung oft auf einen eher kurzfristigen Gewinn ausgerichtet, zu Lasten langfristiger Gewinne. Das kann so weit gehen, dass ein sehr kurzsichtiger Akteur sogar die

Basis seiner eigenen Handelsbeziehung unterminiert, was letztendlich auch seine zukünftigen kurzfristigen Gewinne sabotiert, was einen Widerspruch ergibt. So ein Akteur verfehlt z.B. durch eine kurzfristige und ungerechte Ausbeutung seiner Angestellten nicht nur deren Ansprüche auf eine Symmetrie der Handelsbeziehung, er gefährdet auch sein eigenes profitables Geschäft in der Zukunft. Dieser Akteur wird seine Handlungen selbst innerhalb rein zweckrationaler Kalküle nicht als praktisch rational ausweisen können. Er handelt also eigentlich gegen seine eigenen Interessen, was nur so zu erklären ist, dass ihm selbst dieser komplexe und weite Wirkungskreis seiner eigenen Handlungen eben nicht vollkommen einsichtig bzw. bewusst ist. Die Explikation solcher (nicht intendierten) Handlungsfolgen, oder zumindest die Beschreibung der Möglichkeit ihrer negativen Wirkungen, wäre eine sinnvolle Teilaufgabe der Praktischen Philosophie. Auch hier zeigt sich, dass die Rolle der philosophischen Reflexion[12] das Schaffen von Orientierung und Erkenntnis ist, und zwar über die bloß präsentische Empirie hinaus. Eine Handelsbeziehung, die von Dauer sein soll und die das Glück und die Bedürfnisse der Menschen über längere Zeiträume hinweg sichern soll, bedarf der philosophischen Reflexion ebenso, weil diese gerade auf langfristige Folgen und auf kritische Momente reflektiert und weil sie diese Erkenntnisse ins Bewusstsein und schlussendlich genau auf diesem Weg auch in die Handlungen der Menschen einbindet.

2.3. Der faire bzw. gerechte Handel als Ort natürlich guter Handlungen

Handlungen welche das Ideal des fairen und also gerechten[13] Handels zum Ziel haben, manifestieren eine Handlungsform, welche natürlich gut für Exemplare der menschlichen Lebensform sind, weil das Ideal des Fairen Handels (das der Gerechtigkeit), natürlich gut für Menschen ist. Da eine formal gerechte Handlung im Kontext des Handels, also des Güter- und Dienstleistungsaustauschs, stets beide Seiten (alle am Transfer beteiligten Akteure) und deren Gedeihen berücksichtigt, ist diese Handlungsform auf ein erhöhtes Maß an Kommunikation und Transparenz angewiesen. Es ist nämlich so, dass die Kommunikation der Teilnehmer über die zu tauschenden Objekte und über die Bedürfnislage der jeweiligen Seite die Voraussetzung für einen geplanten und hernach durchgeführten gerechten Austausch ist. Die jeweilige Handelssituation muss durch ein erhöhtes Maß an Kommunikation, also durch

---

[12]Vgl. dazu auch: Stekeler-Weithofer, Philosophie des Selbstbewusstseins, Suhrkamp, S. 44 f.

[13]Die Attribute fair und gerecht werden im Rahmen der Überlegungen innerhalb dieser Arbeit als synonym begriffen. Gerecht meint hier selbstverständlich nicht eine Orientierung an bloß gegebenem "positiven Recht", sondern ein durch die Vernunft je erst zu bestimmendes Verhältnis und Maß im Geben und Nehmen von Gütern und Dienstleistungen - und im speziellen Fall dann die Tugend der Gerechtigkeit. Auch wenn dieses von der Vernunft zu bestimmende Verhältnis in das "positive Recht" und die Institutionen eingeschrieben ist/sein kann, was aber erst nach einer kritischen Prüfung gewusst werden kann, aber das nur als Randbemerkung.

einen gesteigerten Informationsfluss für alle Handelsteilnehmer transparent sein, damit von einer praktisch rationalen Handlung ausgegangen werden kann. Unsicherheiten und Informationsdefizite müssen, wenn eine Handlung bzw. ein Handel trotz dessen abgeschlossen werden soll, durch verschiedene Mittel der Risikoreduzierung abgesichert werden. Diese Mittel können schlicht ein vorher aufgebautes Vertrauen sein, also der Glaube an einen positiven Ausgang des Handelsgeschäftes auf beiden Seiten, oder eben vertragliche Regelungen oder Versicherungen, die sowohl menschliche als auch sonstige Risiken absichern.

Die Forderung nach Transparenz in Bezug auf die komplexen Handelsumstände (Warenherkunft, Produktionsbedingungen, Preisgestaltung) ist im Fairen Handel eine zentrale Forderung auf allen Seiten der Handelsbeziehung, weil diese sicherstellt, dass alle ethisch und wirtschaftlich relevanten Informationen zu allen beteiligten Akteuren weitergeleitet sind. Das bedeutet, dass idealer Weise jeder Teilnehmer in einer solchen Handelsbeziehung genau weiß, wer unter welchen Umständen am Handel beteiligt ist und welche Wirkungen die konkreten Kauf- oder Verkaufs- bzw. Tauschhandlungen haben. Diese ideale Transparenz ist freilich ein Ideal, sie ist ein natürlich gutes Ideal für Exemplare der menschlichen Lebensform, weil sie die notwendige Bedingung für rationale Entscheidungen ist, auch wenn die Reichweite der Einsicht in die Wirkungskreise solch komplexer Systeme stets beschränkt ist. Hier liegt die höchste ethische Verantwortung bei dem Teilnehmer oder Akteur, der die meisten Informationen bezüglich der Handelsumstände hat, denn er hat eine Symmetrie der Informationen herzustellen, damit er nicht allein im Besitz der ethischen Urteilskraft bleibt, oder zumindest im epistemischen Vorteil. In der Regel liegt dieser Informationsvorteil beim Importeur bzw. bei dem Unternehmen, welches wesentlich die Bedingungen kennt, unter denen es agiert, wenn es nicht sogar die Bedingungen selbst erst schafft.

So kann man sich als Negativbeispiel z.B. ein Unternehmen X denken, welches natürlich schlechte Bedingungen für Exemplare der menschlichen Lebensform erst erschafft, um hernach ein Handelsangebot (welcher Art auch immer) zu machen, welche die in Not befindlichen Menschen nun annehmen. Dies stellt eine natürlich schlechte Handlung dar, weil das Handelsangebot (welches an sich gut sein mag) innerhalb dieser perfiden Strategie stattgefunden hat. Ein Beispiel für eine solche natürlich schlechte Handlung könnte die Privatisierung der kostenlos zugänglichen Wasservorräte einer Region mit Wasserknappheit, zum Zwecke des Trinkwasserverkaufes, sein, der nun alle armen Menschen (die sich das Wasser jetzt nicht mehr leisten können) vom natürlich lebenswichtigen Wasservorrat abschneidet. Ob eine einfache oder komplexe Handlung im Bereich des Handels nun tatsächlich moralisch schlecht ist, muss immer der Mensch in der jeweiligen Situation mithilfe seiner Urteilskraft[14] entscheiden. Die Urteilskraft hängt aber direkt mit der Zugänglichkeit der Fakten und der Kenntnis der Sachlage zusammen, was die enorm wichtige Rolle der Transparenz in Ergänzung zur Orientierungskraft einer philosophischen Reflexion auszeichnet. Will man hier noch einmal auf ein Negativbeispiel aufmerksam machen, könnte man sich z.b. die Frage stellen, warum manche Produktionsanlagen (sei es in der Massentierhaltung in Deutschland, oder in der Textilproduktion in Bangladesh) mit meterhohen Mauern und Stacheldraht zu regelrechten Festungen der Intransparenz gemacht werden, wenn diese Metaphorik ausnahmsweise erlaubt ist. Vor welcher Gefahr schützen diese Maßnahmen der Grenzziehung, welche Information wird hier am fließen gehindert und aus welchen Gründen? Können solche Umstände (also die verborgenen) gut und die Gründe (für das Verbergen) allgemein und vollends rational zu rechtfertigen sein, wenn sie doch scheinbar nicht öffentlich kommuniziert werden sollen? Sicherlich nicht. Es wurde ja bereits gesagt, dass Handlungen, welche das Gedeihen der menschlichen Lebensform beschädigen, sich nicht generisch allgemein als gut ausweisen können, dieser Sachverhalt bietet sicherlich eine gute Erklärung für gewisse Strategien der Abschottung und Isolierung von Informationen, die besser nicht in einen öffentlichen bzw. kritischen Diskurs geraten sollen. Diesem möglichst freien und zwanglosen Diskurs innerhalb von Handelsbeziehungen als auch in der Öffentlichkeit stellt sich aber ein Akteur, der als moralisch integer gilt und der dies auch „zeigen" kann und will.

2.4   Selbstbewusstsein des Fairen Handels und Kritik

Da der Faire Handel (der als gerechter Handel eingeführt wurde) besonders hohe moralische Ansprüche an sich selbst stellt, wovon er freilich auch profitiert[15], ist er auch in besonders hohem Maß der Kritik ausgesetzt. Die vorläufige Personifikation des „Fairen Handels" ist eine Abstraktion, dic vorerst beibehalten wird, um die allgemeinsten Bestimmungen auszuführen. Hier sind freilich (in sinnkritischer Absicht) letztlich immer real handelnde Akteure (Personen und Personengruppen) des Fairen Handels gemeint.

---

[14]Vgl. dazu auch: Thomas Hoffmann, Das Gute, de Gruyter, 2014, S. 188 f.
[15]Er profitiert von seinem guten Ruf und den hohen wirtschaftsethischen bzw. moralischen Ansprüchen ökonomisch, indem die ethisch bewussten Kunden bevorzugt in solche Handelsbeziehungen inverstieren, aber er profitiert auch in einem psycho-sozialen Sinne, wenn man das so ausdrücken will, da die Akteure des Fairen Handels i.d.R. ein besonders positives Ansehen genießen. Das schlägt freilich doppelt (man könnte sagen "dialektisch") negativ auf diese Akteure zurück, sollten sie dieses Vertrauen beim Kunden missbrauchen.

Das Selbstbewusstsein des Fairen Handels ist sozusagen das Selbstbild dieser Akteure, welches zugleich ein intrasubjektives und intersubjektives Moment enthält, d.h., dass dieses Selbstbild nicht durch eine reine Selbstbespiegelung[16], sondern immer auch durch eine Reflexion auf den Kontext, auf den Ort in der Gemeinschaft gewonnen ist. So ein Selbstbild oder Selbstverhältnis ist immer das Ergebnis der Reflexion auf das eigene Wesen, auf die eigene Rolle, in einem gesellschaftlichen Umfeld.

Es wurde im Prinzip schon die ganze Zeit auf dieses Selbstverständnis Bezug genommen, wobei jetzt der Schwerpunkt auch auf der Kritik (im untersuchenden Sinn) solcher Selbstverständnisse liegen soll. Es wurde bereits angedeutet, dass Akteure, seien das Unternehmen oder Einzelpersonen, die erhöhte moralische Ansprüche für sich beanspruchen, auch erhöhtem Druck ausgesetzt sind. Aber warum ist das eigentlich so? Das scheint daran zu liegen, dass diese Akteure ja ein gewisses ökonomisches und moralisches „Kapital" aus diesen erhöhten Ansprüchen schöpfen. Es ist dann vollkommen logisch, dass diese Ansprüche von den Teilnehmern am Fairen Handel und von der Öffentlichkeit kritischer beäugt werden. Der Fair Trade Akteur wird an seinem eigenen Selbstbild, an seinen Idealen gemessen. Das ist auch der Hauptgrund dafür, dass z.b. moralische Skandale nur da als wirkliche Skandale ins Bewusstsein dringen, wo vorher ein hohes Maß an moralischer Erwartung bestand. Es ist z.B. ein Skandal, wenn in einem Fair-Trade-Unternehmen Kinder arbeiten und Schaden nehmen würden, wobei es in der Schokoladenproduktion (genauer bei der Kakaoernte) mittlerweile fast als „normal"[17] gilt, dass Kinder diese Arbeit verrichten, die dabei Schaden nehmen. Hier soll nun nicht moralisiert werden, sondern allein der Umstand untersucht werden, wie moralische Erwartung, moralische Ideale und das Empfinden von Missständen korreliert sind, weil dieser Zusammenhang für das korrekte Selbstbewusstsein einer Kritik zentral zu sein scheint, da der angewandte Maßstab für moralische Urteile scheinbar sehr eng mit eben den Ansprüchen verbunden ist, welche ein jeweiliger Akteur beansprucht. Das heißt im Fall des Fairen Handels, dass gerade negative Befunde mit mehr oder weniger ausgeprägter „Skandalwirkung", also Verstöße gegen das eigene Ideal des gerechten Handels, ein Zeichen dafür sind, dass eben die Ideale gelten, dass diese Ideale die Norm sind. An dieser Stelle soll auf die interessante Tatsache hingewiesen werden, dass ein regelmäßiges Verstoßen gegen eine Norm oder ein Ideal, dem jeweiligen Verstoß über die Zeit selbst einen regelhaften Charakter verleiht, was eine ganz beträchtliche normative Kraft auf eben die geltenden Regeln und Normative ausübt. So kann z.B. praktisch und in einem gewissen Kontext auch eine

---

[16]Vgl. dazu auch: Stekeler-Weithofer, Philosophie des Selbstbewusstseins, Suhrkamp, S. 47 ff.
[17]Freilich nur bei den informierten Personengruppen, denn für wen diese Nachricht ganz neu ist, der wird sie noch als Skandal oder zumindest als Missstand empfinden, weil dessen Idee von der Schokoladenproduktion bzw. Kakaoernte eben noch abstrakt ideal war und nun eine realistische Korrektur erfuhr.

defektive Form des Handels oder einzelner Handlungen zur „Norm" werden, auch wenn sie sich vielleicht nie als allgemeine Norm wird ausweisen können. Jetzt kann man sehr fruchtbar und kritisch darüber reflektieren, inwiefern der natürlich gute Handel einer defektiven Handelsform überlegen ist und was passieren würde, wenn die defektiven Formen, die das Gedeihen aller beteiligten und betroffenen Menschen nicht im Blick haben, die natürlich guten Formen verdrängen, aber der quantitative Rahmen dieser Arbeit ist ausgeschöpft, das Thema aber noch lange nicht. Die natürlich guten Handels- und Wirtschaftsformen für Menschen werden in der rationalen Explikation und mit der Zeit zeigen, dass sie für das Gedeihen der Menschen förderlich sind und also werden wesentlich rationale und kooperative Wesen, wie Menschen es sind, sich auf diese Handelsformen einigen, so sie in Frieden und Stabilität auf Dauer miteinander leben wollen, eben weil gerechte Handelsbeziehungen praktisch rational und natürlich gut für Exemplare der menschlichen Lebensform sind.

Zusammenfassung und Schluss

Es ist hoffentlich gelungen, zumindest in Umrissen und hier und da auch mit einigem Gewinn eine Idee bzw. das Ideal des Fairen Handels und dessen handlungsleitende Prinzipien im Kontext von Überlegungen zur Gerechtigkeit und in Anwendung der Idee von natürlich guten Handlungen und Idealen vorzustellen. Viele interessante Punkte sind nur angerissen worden, andere wurden ein Stück weiter verfolgt und wieder auf die leitende Idee zu dieser Arbeit zurückbezogen. Die angestellten Betrachtungen waren bewusst nicht allzu „textnah" an den inhaltlichen Bezugsquellen angelegt, in der Hoffnung, dass so ein gewisser Freiraum entsteht, in den dann die eigenen Überlegungen zum Fairen Handel als gerechten und natürlich gutem Handel einfließen und sich entfalten konnten. Ein Ziel war es, diese eigenen Darstellungen und Überlegungen an die in der Einleitung genannten Kontexte anzuschließen, was nicht im Detail und mit maximaler Tiefenschärfe, aber doch zumindest auf eine möglichst verständliche Weise geglückt ist.

Letztendlich konnte gezeigt werden, dass die gerechte Handlung innerhalb der wirtschaftlichen Kontexte, die sich am Ideal des Fairen Handels orientieren, natürlich gut für Menschen ist, da gerechte Handlungen und symmetrische Handelsbeziehungen das Gedeihen von Menschen befördern und es konnte auch teilweise gezeigt werden, welche negativen Folgen Ausbeutung und Ungerechtigkeit auf Menschen und Gemeinschaften haben können. Es bleibt außerdem festzuhalten, dass erarbeitet wurde, dass nur die gerechte Handlung und der gerechte Handel sich selbst vollends als praktisch rational ausweisen können, wohingegen defektive und natürlich schlechte Handlungen in diesen wirtschaftlichen Kontexten dies nicht können. Das Selbstbewusstsein des Fairen Handels wurde beleuchtet und es wurde untersucht, wie erhöhte moralische Ansprüche mit erhöhten Kontrollen und fundamentalen Vertrauensverlusten einhergehen können. Außerdem wurde an geeigneten Stellen auf die Rolle der philosophischen Reflexion eingegangen, die man auch ganz bescheiden und pragmatisch ein Urteilskraft stiftendes und kritisches Nachdenken über den Handel, die Gerechtigkeit, das natürlich Gute und die eigene Rolle in diesen Verhältnissen nennen kann. Ohne eine Reflexion auf diese Verhältnisse und Begriffe bleiben selbige im Dunkel des automatisierten Verhaltens, darum müssen sie explizit gemacht werden, wenn wir z.b. diese wirtschaftsethisch relevanten Handlungen und bestimmte Formen des Handels als vollständig rational und natürlich gut für Menschen ausweisen wollen. Das übergeordnete natürlich gute Ideal ist das des ausgeprägten und entfalteten Selbstbewusstseins des Menschen, also ein Wissen darum, was man selbst ist und was man tut, welches nur durch eine Reflexion auf den Handlungskontext und die Gemeinschaft zur vollen Entfaltung kommt. Die gerechte Handlung ist so als eine natürliche Folge dieses Selbstbewusstseins und Selbstwissens zu verstehen, welches den Menschen als ein vernünftiges Gemeinschaftswesen erfasst, der das eigene Gedeihen aufs Engste mit dem Gedeihen des Nächsten verknüpft weiß.

Literaturliste

Thomas Hoffmann, Das Gute, de Gruyter, 2014

Aristoteles, Nikomachische Ethik, rowohlts enzyklopädie 2006

Aristoteles, Politik, rowohlts enzyklopädie 2009

Aristoteles, Über die Seele, Reclam 2011

Pirmin Stekeler-Weithofer, Philosophie des Selbstbewusstseins – Hegels System als Formanalyse von Wissen und Autonomie, suhrkamp taschenbuch wissenschaft, 2005

G.W.F. Hegel, Phänomenologie des Geistes, suhrkamp taschenbuch wissenschaft, 1986

Axel Honneth, Kampf um Anerkennung – Zur moralischen Grammatik sozialer Konflikte, suhrkamp taschenbuch wissenschaft, 2012

Christoph Rapp, Aristoteles, Junius Verlag, 2001

Charles Taylor, Hegel, suhrkamp taschenbuch wissenschaft, 1983